27

L.n 15373.

JUSTIFICATION

DE LA

BIOGRAPHIE DE MGR OLIVIER,

ÉVÊQUE D'ÉVREUX,

PAR M. DELANOE,

CHANOINE D'ÉVREUX, ANCIEN GRAND-VICAIRE;

OU

LETTRE D'UN CORRESPONDANT DES RÉDACTEURS DE LA *BIOGRAPHIE DES HOMMES VIVANTS* A M. DELANOE.

Paris, 24 décembre 1845.

MONSIEUR L'ABBÉ,

Ne vous en prenez point à moi si je réponds un peu tard à la lettre que vous avez adressée à Messieurs les rédacteurs de la *Biographie des hommes vivants;* elle a été imprimée à Evreux : j'habite Paris; elle ne m'est arrivée que par hasard, par un ami qui habite le diocèse que vous édifiez par vos vertus, par vos talents et votre piété. Permettez-moi avant tout de vous remercier : votre lettre, quoiqu'elle ne m'ait point été adressée directement, m'a fait éprouver le plus grand plaisir. J'ai vu, en la lisant, que je n'ai point été en dehors de la vérité dans les renseignements que j'ai été dans le cas de donner aux rédacteurs de la Biographie de votre illustre et digne prélat, que je connais et que j'apprécie depuis bien des années.

Ne soyez point surpris, Monsieur le chanoine, du titre que je me plais à donner à la réponse que je m'honore de vous adresser. Dans les renseignements que j'avais envoyés aux auteurs de la Biographie je n'avais cité que des faits sans preuve, et je vois avec la plus grande satisfaction que vous vous êtes donné la peine dans votre lettre d'apporter les plus péremptoires témoignages en faveur de mes diverses assertions. Recevez-en mes actions de grâces bien sincères et bien vives. Je ne regarde pas quelles sont les intentions qui vous les ont dictées, peu m'importe ; je ne veux pas être plus difficile que l'Eglise dont vous êtes le ministre : *Ecclesia non judicat de internis ;* je me contente de prendre votre lettre pour ce qu'elle est, c'est-à-dire comme un monument de votre bon esprit, de votre charité sacerdotale, de votre talent pour la logique et de votre amour pour la vérité,

Je commence...

Les rédacteurs de la Biographie, que vous prétendez convaincre de grossier mensonge, avaient dit, en parlant de M. Olivier, nommé à l'évêché d'Evreux : *La tâche du nouveau prélat n'était pas facile.* Cette assertion semble vous fatiguer, et vous vous écriez, pour la détruire : *On vous a trompé, Messieurs; elle était au contraire très facile, tous ceux qui aiment la vérité en conviennent.* Or, Monsieur, quoique je sois du nombre de ceux qui aiment la vérité, sans avoir l'honneur d'être ni curé, ni chanoine, je maintiens que la tâche de M. Olivier n'était rien moins que facile, et je ne veux pas d'autre preuve que votre conduite, Monsieur l'ancien grand-vicaire, à l'époque de la nomination de M. Olivier au siége d'Evreux. N'êtes-vous pas un des premiers signataires de certaine protestation faite contre la nomination de ce bien-aimé prélat ? Or cette protestation fut-elle faite par vous et par les vôtres pour rendre sa tâche plus facile ? Oubliez-vous si facilement que vous fîtes alors tout ce qui était en votre pouvoir pour empêcher qu'un homme plein de santé, dans la force de l'âge, plein d'ardeur, de science et de zèle, ne vînt se mettre à la tête d'un diocèse qui avait besoin d'une impulsion forte et vigoureuse afin de marcher, comme vous le dites, *aux améliorations successives que le temps et les circonstances rendent partout nécessaires.* Etait-ce pour rendre sa tâche facile que vous faisiez de l'opposition contre un homme que vous ne connaissiez pas, que vous n'aviez peut-être jamais vu, auquel vous n'aviez jamais parlé? Etait-ce pour rendre sa tâche plus facile que vous manquiez ainsi de respect et de soumission à l'autorité qui venait de nommer à l'évêché d'Evreux un homme de cœur que tant d'autres diocèses enviaient? Etait-ce pour rendre sa tâche facile que vous donniez un si mauvais et si dangereux exemple au clergé d'E-vreux, auquel vous aviez demandé pendant si long-temps, en votre qualité de grand-vicaire, les témoignages de son respect et de sa vénération pour l'autorité supérieure ecclésiastique que vous partagiez alors? *Quantum mutatus ab illo!*

Or, si à cette époque, que je ne crains pas d'appeler de honteuse mémoire, vous jouissiez de quelque influence dans le diocèse, votre signature, apposée à cet acte monstrueux, ne devait-elle pas semer d'épines la carrière qu'allait parcourir le nouveau prélat? Votre précoce opposition ne devait-elle pas rendre sa tâche difficile? Et vous prétendez que cette tâche était facile! Mais prenez garde, vous vous accusez..., vous vous condamnez vous-même. Vous n'aviez donc aucune sympathie dans votre diocèse? on ne vous croyait donc pas sur parole? votre voix se perdait donc dans le désert? Comment voulez-vous maintenant que l'on ajoute foi à vos paroles, même imprimées? Ah! pourquoi n'avez-vous pas gardé le silence? C'est le seul rôle à présent qui convienne à votre position et à votre inqualifiable conduite. Il est triste, Monsieur l'abbé, d'être obligé de vous rappeler des choses si dures et si pénibles; mais la force de la vérité me les arrache : je vous en demande pardon. Cependant les rédacteurs de la Biographie ont eu raison de dire que la tâche du nouveau prélat n'était pas facile, sous peine de vous faire une grave injure... Soyez-en persuadé, en écrivant ces mots, ils pensaient à vous et vous faisaient beaucoup d'honneur.

Vous vous plaignez encore des lignes suivantes : « Deux pieux pontifes avaient occupé le siége épiscopal d'Evreux, mais tous deux accablés sous le poids des années, en proie à de cruelles infirmités, le premier occupé pendant plusieurs années aux grandes affaires de l'Eglise dans les temps difficiles où le génie de Napoléon faisait la guerre au chef de l'Eglise universelle. Ces différentes causes avaient pour ainsi dire laissé le relâchement s'introduire dans le diocèse; il fallait que le nouveau

prélat vît par ses yeux ce que ses vénérables prédécesseurs n'avaient vu que par les yeux des autres. »

Nous adjurons le public de nous montrer ce
qu'il y a d'injurieux dans ces lignes pour la mémoire des pieux pontifes prédécesseurs de M. Olivier. Cependant le bon abbé Delanoe s'écrie : *« Ah !
Messieurs, qu'il est fâcheux pour vous d'avoir eu af-
faire, pour vous procurer les renseignements dont
vous aviez besoin, à des correspondants aussi ignorants du passé que ceux auxquels vous vous êtes
adressés ! »*

Or, Monsieur le chanoine et ancien grand-vicaire, ne vous fâchez pas, ne vous mettez pas en co-
lère : si on ne s'est pas adressé à vous pour avoir
des renseignements afin de faire la biographie de
l'évêque actuel d'Evreux, on avait probablement de
bonnes raisons pour cela. Mais il y a mieux, c'est
que les correspondants ne sont point aussi ignorants
que vous le prétendez ; le commencement de cette
lettre vous le prouve déjà suffisamment. Mais en
voulez-vous une autre preuve ? elle est très facile :
c'est votre propre témoignage que je vais invoquer
Relisez votre lettre, innocent abbé, et vous verrez
qu'elle ne fait que certifier les faits avancés par les
rédacteurs ou les correspondants dont vous osez
vous plaindre.

Qu'ont-ils dit? Que les deux prélats prédécesseurs de Mgr Olivier *étaient accablés sous le poids des années.* Où est la preuve de cette assertion? Dans votre lettre vous dites : *Mgr Bourlier était à la vérité septuagénaire lorsqu'il fut nommé au siége d'Évreux.* Et ailleurs, toujours dans la même lettre : *Mgr Bourlier, mort en* 1821, *à l'âge de* 90 *ans.* Voilà pour Mgr Bourlier. Mais, toujours dans votre lettre, vous dites que Mgr du Chatellier fut nommé au siége d'Évreux à l'âge de 60 ans, qu'il mourut en 1841; il avait donc alors 81 ans. Raisonnons un peu, Monsieur le chanoine. Est-on bien ignorant lorsqu'en parlant de deux hommes, dont l'un meurt à 90 ans, l'autre à 81, l'on dit qu'ils étaient accablés sous le poids des années? Je vous en demande pardon, mais le prophète David, que vous devez connaître, exprime en d'autres termes la même pensée, et j'avoue qu'il est glorieux d'être ignorant avec un tel homme! *In potentatibus octoginta anni et amplius eorum labor et dolor.*

Qu'ont dit encore les rédacteurs sur la foi de leurs correspondants? Ils ont dit que *les deux prélats étaient en proie à de cruelles infirmités.* Ils l'ont dit; mais qui le prouvera? C'est encore vous, Monsieur le chanoine; oui, c'est vous qui venez en aide de ces *ignorants* correspondants. En effet vous avouez que Mgr Bourlier avait 90 ans lorsque le diocèse d'Evreux eut le malheur de le perdre. Quatre-vingt-dix ans!.... n'est-ce pas déjà une cruelle infirmité? Hélas! Monsieur l'abbé, on n'en guérit jamais. Et, encore un coup, disons avec David : *In potentatibus octoginta anni et amplius eorum labor et dolor.* Et quand cette longue vie a été agitée, consumée au milieu de l'effervescence des révolutions, employée à de pénibles voyages, à des affaires difficiles, inextricables, où les facultés morales et physiques se brisent si aisément, oh! oui, quatre-vingt-dix ans deviennent une cruelle infirmité !

Ce n'est pas assez, Monsieur le chanoine, vous corroborez d'un seul mot l'assertion que vous voulez combattre. *Mgr Bourlier n'a été infirme que l'année de sa mort*, lit-on dans votre lettre. Donc le pieux pontife a été en proie à une infirmité; qu'elle ne fût pas cruelle, j'en doute; mais vous en dites assez pour prouver que les rédacteurs ou leurs correspondants n'ont pas été des ignorants, ou au moins, ce que je ne prétends pas soutenir, vous l'êtes autant qu'eux. Prenez garde, Monsieur l'abbé, les malins, et on en trouve partout, pourraient bien vous accuser d'être ignorant en fait de logique.

Allons plus loin, je vous prie. *Mgr du Chatel-*

lier, dites-vous, *jouissait de la santé la plus floris-*
sante, et il l'a conservée jusqu'à la maladie dont il est
mort; c'est-à-dire, Monsieur l'abbé, que, comme
M. de La Palice, un quart d'heure avant sa mort
il était encore en vie. C'est naïf; mais il ne s'agit
pas de santé, il s'agit d'infirmités : les rédacteurs
n'ont point parlé de la santé de Mgr du Chatellier,
ils ont simplement parlé d'infirmités. On peut être,
et comment ne le savez-vous pas? on peut être
boiteux, bossu, borgne, aveugle, voire même cul-
de-jatte, et cependant jouir d'une bonne et floris-
sante santé, n'avoir ni fièvre ni catarrhe. Ne voyez-
vous pas chaque jour de vos propres yeux des
malades sans infirmités, et des infirmes sans maladie? Or ces *ignorants* correspondants ont fait enten-
dre que Mgr du Chatellier était en proie à une
cruelle infirmité. Laquelle? ils ne l'ont pas dit.
Mais vous, Monsieur le chanoine, pour prouver
qu'ils sont des ignorants, vous allez nommer cette
infirmité, vous allez faire connaître que Mgr du
Chatellier était en proie à la plus cruelle des infirmités. *Il est vrai,* dites-vous, *que pendant plusieurs*
années il (Mgr du Chatellier) éprouva un affaiblisse-
ment de vue qui lui rendait impossible l'ordination de
ses clercs ; ses collègues dans l'épiscopat étaient remplis
d'obligeance pour lui, et se faisaient un bonheur de

1.

recevoir ses ordinands chez eux ou devenir leur imposer les mains à Evreux.

Allons, Monsieur l'abbé, résignez-vous, je vous prie, et surtout ne niez pas *l'infirmité cruelle* de Mgr du Chatellier. En avouant qu'il était presque aveugle, vous ne ferez nullement tort à ses nombreuses qualités; vous n'affaiblirez ni ses mérites, ni ses talents, ni ses vertus : *Infirmité n'est pas vice.* Mgr du Chatellier était presque aveugle, tout le monde le sait. N'avait-il pas été obligé de prendre auprès de lui un charmant petit abbé pour lui faire ses lectures; et l'on dit, Monsieur l'ancien grand vicaire, que souvent on vous entendit vous plaindre des peines que vous éprouviez, lorsqu'à la veille des grandes solennités, vous vous efforciez de mettre dans la mémoire du vénérable prélat les oraisons latines qu'il était obligé de réciter dans les offices pontificaux.

Il est donc certain encore que Mgr du Chatellier, à cause de l'infirmité que vous venez de décrire en termes si formels, *ne voyait alors que par les yeux des autres ;* ce que vous niez cependant, Monsieur le chanoine, d'une manière tranchante et victorieuse. En vain dites-vous que, *lorsque chaque année le vénérable prélat allait prendre quelque repos dans sa famille, son conseil, qu'il présidait deux fois la se-*

maine lorsqu'il était à Evreux, se réunissait également en son absence, lui envoyait après chaque séance le résultat de ses délibérations, et attendait toujours sa réponse avant d'y donner suite. Tout cela ne prouve pas qu'il voyait par ses propres yeux, mais tout cela prouve au contraire qu'il voyait par les yeux des autres. Oh ! que le saint prélat était plus juste et plus vrai lorsque, dans l'épanchement de ses douces et intimes causeries, on l'entendait dire à un homme grave et haut placé : *Je suis obligé de dicter mes lettres ; mais écrit-on toujours ce que je dicte ? Je suis tenté quelquefois de croire le contraire.* Non, vénérable évêque, non, vous n'avez pas été trompé ; des prêtres n'oseraient pas abuser ainsi des cruelles infirmités d'un vieillard !... N'êtes-vous pas de mon avis, Monsieur le chanoine ? Mais aussi, non, le saint prélat ne voyait pas de ses propres yeux, puisqu'il était presque aveugle, et puisqu'il lui était impossible de faire l'ordination de ses clercs.

De tout ceci les rédacteurs de la biographie ont conclu que l'accablement de l'âge, que les cruelles infirmités, *avaient laissé pour ainsi dire le relâchement de la discipline s'introduire dans le diocèse.* Vous le niez encore, Monsieur le chanoine, et cependant la force de la vérité vous arrache encore une preuve évidente de cette assertion. La voici :

Les absences prolongées de Mgr Bourlier dans le temps des grands démêlés de Napoléon avec le souverain pontife sont réelles ; mais le prélat prenait les moyens d'empêcher qu'elles ne fissent un tort grave au diocèse. Raisonnons, Monsieur le chanoine. Si ces absences prolongées ne faisaient pas *un tort grave* au diocèse, elles lui faisaient donc un *tort* quelconque. Or ce tort qu'elles faisaient au diocèse, qu'était-ce autre chose que le relâchement de la discipline qui s'introduisait petit à petit dans le diocèse? Mais les rédacteurs ont-ils dit autre chose? Seulement ils n'ont donné tort à personne ; ils n'ont inculpé ni l'évêque, ni les grands-vicaires, ni l'administration en général ; ils ont signalé un fait sans commentaire injurieux, sans réflexion accusatrice pour qui que ce soit. Au contraire, en vous lisant, Monsieur le chanoine, on serait tenté de croire que vous accusez le vénérable évêque, car vous affirmez qu'il prenait bien des moyens pour empêcher que ces absences prolongées ne fissent *un tort grave* au diocèse, et vous laissez soupçonner qu'en homme sage, il ne prenait pas les moyens d'empêcher que ces absences prolongées ne fissent *aucun tort.* Or il eût été plus convenable et plus juste de le dire, parce qu'il est certain qu'il agissait ainsi, et je suis persuadé que les rédacteurs ou les correspondants que vous incriminez ont eu cette pensée, et l'ont encore.

Au reste vous n'êtes pas à bout de vos preuves en faveur du relâchement de la discipline que ces absences prolongées laissaient pour ainsi dire introduire dans le diocèse. Quelques lignes plus bas vous avouez qu'*elles forçaient l'évêque à suspendre l'administration du sacrement de confirmation, et qu'à sa mort beaucoup de portions du diocèse étaient depuis long-temps privées de la visite de leur premier pasteur.* Or n'est-il pas évident que les lois de l'Église font un devoir aux évêques de visiter fréquemment les diverses localités de leurs diocèses ? Qui le sait mieux que vous ? Et pourquoi cette obligation ? N'est-ce pas pour signaler les abus et pour les corriger, n'est-ce pas pour empêcher le relâchement de la discipline de s'introduire dans les paroisses ? Mais puisque, selon vous, à la mort de Mgr Bourlier *beaucoup de portions du diocèse étaient depuis long-temps privées de la visite de leur premier pasteur,* on peut donc raisonnablement conclure que le relâchement de la discipline s'était introduit dans le diocèse. Vous le savez, Monsieur l'ancien grand-vicaire, il ne faut pas un long temps pour voir les abus se glisser au milieu des populations, et souvent ils triomphent des meilleures intentions et de la plus grande vigilance.

Je sais bien que vous ajoutez de suite que *Mgr du Chatellier répara ces omissions en visitant son diocèse avec une grande exactitude*. Mais franchement, Monsieur l'abbé, allait-il partout, le vénérable vieillard ? visitait-il toutes les campagnes comme toutes les villes ? s'enfonçait-il dans ces hameaux éloignés où aucune voiture ne peut parvenir à cause des mauvais chemins ? montait-il à cheval pour ne pas laisser une seule église, une seule chapelle, sans l'honneur et l'avantage de sa visite ? Je m'en rapporte à vous, Monsieur l'ancien grand-vicaire. Certainement personne n'a jamais prétendu lui en faire un crime, pas même les biographes de la *Revue des Hommes vivants*, pas même leurs *ignorants* correspondants. On ne demande pas l'impossible à un vieillard, et surtout à un vieillard presque aveugle.

J'arrive enfin à une autre partie bien importante de votre factum épistolaire. C'est là vraiment où vous triomphez, Monsieur le chanoine ; mais vous triomphez de manière à être obligé de rougir de votre victoire. La raison est plus modeste ordinairement ; et il faut que vous soyez bien susceptible à l'endroit de la fibre financière pour oser taxer de *grossier mensonge* l'erreur dans laquelle est tombé le correspondant dont vous vous plaigniez si chaleureusement lorsqu'il a avancé que les séminaires étaient endettés à l'arrivée de Mgr Olivier dans le diocèse d'Evreux. Permettez-moi d'abord, Monsieur le chanoine, de vous donner en passant une petite leçon de politesse. On n'accuse pas facilement un honnête homme de *grossier mensonge*; ces expressions ne sont employées ordinairement qu'entre personnes élevées sur le pavé des rues; entre gens qui se respectent on se sert de paroles plus convenables et plus honnêtes; les expressions grossières ne font jamais tort qu'aux personnes qui les emploient. Mais ne nous y arrêtons pas; il n'est pas donné à tout homme d'être poli et de connaître la valeur des mots.

Ce *grossier mensonge*, qui a dû sortir avec peine de votre plume, vous avez la bonté de l'expliquer ; vous faites plus, vous le justifiez dans votre lettre. *Je sais*, dites-vous, *que depuis long-temps on fait grand bruit d'une somme d'environ* 8,000 *fr. que les entrepreneurs réclament depuis plusieurs années pour solde de travaux de construction faits au grand séminaire.* En voilà assez, Monsieur le chanoine, pour absoudre les biographes ou leurs correspondants du *grossier mensonge* dont vous les reconnaissiez coupables quelques lignes plus haut. Quoi ! vous convenez que depuis long-temps on fait grand bruit d'une somme de 8,000 fr. que les entrepreneurs réclamaient depuis plusieurs années pour solde de travaux de construction faits au grand séminaire, et vous osez accuser de grossier mensonge celui qui, fondé sur le bruit public, viendra répéter dans un ouvrage sérieux que le séminaire est endetté ! Tout le monde doit-il connaître comme vous les détails de la marche administrative des séminaires ? Tout le monde doit-il savoir comme vous que les travaux de construction faits au grand séminaire sont à la charge, non de l'administration diocésaine, mais du gouvernement ? Si quelqu'un est coupable de *grossier mensonge*, Monsieur l'abbé, c'est le public ; les biographes ou leurs correspondants n'ont été que son écho. En homme juste vous auriez dû dire : Ils se sont trompés, et ils sont tout au plus coupables d'une erreur involontaire, dans laquelle ils ont été entraînés par le *bruit public* qui circule depuis plusieurs années, et qui les excuse ; mais coupables *d'un grossier mensonge, non... mille fois non !..* pour me servir de vos propres expressions.

Pour prouver que les séminaires n'étaient pas *en-*

dettés, vous vous hâtez de révéler la généreuse charité de Mgr du Chatellier ; et, sous ce rapport,
vous pouvez être bien persuadé que personne ne
vous contredira. Mais pardonnez-moi, Monsieur
l'abbé, vous le faites d'une manière bien mala-
droite, et vous vous lancez dans une carrière bien
épineuse et sans délicatesse. Permettez-moi, Monsieur, quelques réflexions ; elles sont moins pour
vous que pour les personnes qui ont pris lecture de
votre lettre. Vous dites : *Il y avait alors un évêque,
pauvre à la vérité, car il était strictement réduit à son
traitement de* 10,000 *fr.* Mais depuis quelle époque
cet évêque pauvre était-il strictement réduit à son
traitement de 10,000 fr. ? Pourquoi ne le dites-vous
pas ? Était-il strictement réduit à ce modeste traitement de 10,000 fr. sous la Restauration ? Pourquoi cette restriction ? *Il vivait de privations.* J'y
consens ; c'est la vie d'un évêque. Mais depuis
quand vivait-il de privations ? *Il allait à pied.* Mais
avait-il toujours été à pied ? Qu'en pensez-vous ? et
pourquoi parlez-vous d'une manière si générale ?
*Les produits de son secrétariat étaient chose sacrée pour
lui, et ses séminaires seuls y puisaient.* Cela prouve
une seule chose : c'est qu'il n'en avait pas besoin,
et je n'en suis pas surpris. Je vais vous dire pour-
 Suivez-moi avec attention, je vous prie, mon

raisonnement sera court. Le vénérable Mgr du Chatellier *était strictement réduit à son traitement de* 10,000 fr. depuis la révolution de juillet; ce que vous n'avez pas dit, et qu'il fallait dire. *Il s'en contentait, et trouvait encore le moyen d'en donner une bonne partie aux pauvres.* Deux ans avant sa mort il dépensa de ses deniers 30,000 fr. pour le petit séminaire, et, en mourant, il a encore légué plus de 30,000 fr. au grand séminaire. Ces deux sommes réunies égalent bien 60,000 fr., fruit de ses économies, probablement sur le traitement de 10,000 fr. auquel il était strictement réduit, en sorte qu'il économisait 6,000 fr. par année sur ce très modique traitement. Donc, selon vous, il ne dépensait que 4,000 fr. chaque année pour lui, pour sa maison. Mais vous venez de dire qu'il trouvait encore le moyen d'en donner une bonne partie aux pauvres ; vous réduisez donc encore cette somme de 4,000 fr. Supposons que cette bonne partie dont vous parlez égale 1,000 fr. ; retranchez encore ce qui lui était nécessaire pour faire ses visites pastorales chaque année, et vous verrez à quelle misérable somme vous réduisez le vénérable vieillard, et vous verrez encore si vous êtes dans le vrai. Prenez garde, Monsieur l'abbé ; je suis loin de vous dire que vous commettez un grossier mensonge dans les lignes que je viens d'analyser, mais je me contente de répéter : Vous vous trompez très involontairement sans aucun doute.

Vous comprenez maintenant à quoi l'on s'expose, Monsieur le chanoine, qnand on veut toucher des matières délicates comme celles qui tiennent à l'intimité et au secret des individus, dans quelque rang qu'ils soient placés. Pour moi, je ne vois rien de surprenant dans les immenses charités de Mgr du Chatellier; il avait occupé le siége épiscopal d'É-vreux pendant neuf ans sous la Restauration; il était un noble pair de France; le conseil général du département, qu'il ne boudait point alors, traitait son évêque avec dignité; il accumulait plusieurs traitements à la fois, ce qui pouvait en porter la somme au moins à 30,000 fr. par année : or avec ses goûts simples, avec les privations dont vous prétendez qu'il vivait, comment n'aurait-il pas su se composer une petite caisse d'épargne, de manière à pouvoir venir au secours des pauvres, et laisser les séminaires puiser dans les modiques produits du secrétariat? Au reste, Monsieur l'abbé, vous connaissez mieux qu'aucun autre l'origine des 30,000 fr. légués au grand séminaire par Mgr du Chatellier; elle est pure, elle est sans tache, mais elle ne vient pas de ses épargnes.

Vous me pardonnerez tous ces détails, Monsieur le chanoine, en faveur de la vérité. J'ajouterai seulement que, si vous ne vous étiez proposé qu'un but, celui de faire connaître la charité du vénérable prélat dont vous avez été le grand vicaire et l'ami, vous auriez pu vous contenter d'un seul mot qui résume toute cette belle vie de bienfaits et de bonnes œuvres. Mgr du Chatellier est mort sans laisser de quoi payer les frais du sépulcre que ses amis lui ont fait creuser dans le chœur de l'église cathédrale d'Évreux. Et qui donc a payé les frais de ce sépulcre ? La fabrique de cette cathédrale ? Non ; elle était trop pauvre. Le chapitre ? Non.... Les grands vicaires qui partageaient avec lui le fardeau de l'administration ? Non.... Les prêtres, ses amis, qui l'entouraient pendant ses dernières années ? Non.... Après plusieurs années d'attente, après avoir frappé à toutes les portes pour obtenir le salaire de leurs travaux, les ouvriers se sont adressés à votre évêque, Monsieur l'ancien grand vicaire, et cet évêque a fait une bonne action en soldant le prix de la reconnaissance et de l'amitié, que l'indifférence, ou ce que d'autres appelaient l'ingratitude, ne voulait pas reconnaître. On avait oublié ce trait et tant d'autres dans la biographie de Mgr Olivier. Je vous remercie de l'occasion que vous me fournissez de ne pas le laisser dans l'oubli.

Lorsque l'on lit, dites-vous, *dans une notice des faits aussi dénués de fondement que ceux que je me suis trouvé dans la nécessité de réfuter, il est tout naturel de se défier de ceux qui pourraient être vrais.*

Vous n'avez rien réfuté, Monsieur le chanoine ; vous avez au contraire confirmé par vos inductions et vos aveux formels tous les faits qui semblaient vous déplaire. Je ne dirai pas pourquoi. On a beau avoir des talents : on ne peut nier la vérité, elle perce toujours à travers les sophismes que l'on entasse pour la couvrir. Vous connaissez cette parole, Monsieur l'abbé : *Mentita est iniquitas sibi.* Faites-en l'application dans la circonstance où vous vous trouvez. Je suis trop poli pour vous la faire moi-même. N'attendez pas non plus que je cherche à connaître quelle grande nécessité vous obligeait à réfuter des faits qui sont tellement fondés, que, malgré toute votre bonne volonté, vous n'avez pu que les confirmer davantage.

Vous continuez : *J'espère, Messieurs, que vous voudrez bien rectifier ce que votre notice biographique sur M. Olivier contient de faux, et envoyer cette rectification à tous ceux qui ont reçu l'opuscule.*

Vous serez obéi, Monsieur le chanoine ; cette rectification, faite par vos propres aveux, sera envoyée à tous ceux qui ont reçu l'opuscule, et à tous ceux qui seront curieux d'avoir un *specimen* de votre manière de rectifier les faits. Ne vous plaignez pas si vous devenez ainsi le jouet des lecteurs. On rira, je crois, de votre outrecuidance ; mais je crois aussi que l'on vous plaindra. Je désire même que vous n'inspiriez pas un autre sentiment que je ne veux pas dire.

J'aurais pu relever, car je veux vous citer jusqu'à la fin, *bien d'autres inexactitudes ou faussetés, comme, par exemple, le relâchement de la discipline sous les deux derniers évêques, l'église cathédrale presque déserte les jours de dimanches et de fêtes.*

Je suis fâché, Monsieur l'abbé, que vous ne vous soyez pas donné la peine de relever, à votre manière, ces deux dernières inexactitudes ou faussetés, comme vous le voudrez : car je suis convaincu que vous auriez apporté d'authentiques témoignages en faveur de ces propositions. Vous avez déjà suffisamment prouvé la première ; mais avec un peu de réflexion vous auriez probablement parlé des scandales des confréries de charité, et vous auriez eu raison. En faveur de la seconde vous auriez probablement dit encore : *Grossier mensonge ! non, mille fois non*, la cathédrale n'était pas déserte les jours de dimanches et de fêtes, puisque la nef principale était occupée par le vénérable chapitre et les nombreux élèves des séminaires, qui comblaient

le vide que l'orateur chrétien aurait eu infaillible-
ment sous les yeux les jours solennels.

Vous ajoutez enfin : *Je me contente de celles que
je vous signale comme les plus importantes, et dont
la rectification est la plus nécessaire.* Dites encore :
pour mon honneur et pour ma gloire, car je suis
partie intéressée, et vous serez dans le vrai.

Monsieur l'abbé, je vous remercie mille fois de
l'obligeance que vous avez eue de faire imprimer
vos réflexions sur la biographie de Mgr Olivier ;
vous le sentez maintenant : elles ont été très utiles
pour confirmer tous les faits qui y étaient et qui y
sont allégués. Je vous promets que votre lettre sera
imprimée comme pièce justificative aussitôt qu'il
sera tiré une seconde édition de la biographie, et
nous n'attendrons pas long-temps, car on aime à
connaître Mgr Olivier, et chacun s'empresse de se
procurer ce petit opuscule.

J'ai l'honneur d'être, Monsieur l'abbé, avec la
plus haute considération,

Votre très humble serviteur.

Un correspondant de *la Biographie des hommes
vivants.*

N.... X....

Paris, Imprimerie de Guiraudet et Jouaust, 315, rue S.-Honoré,